Inhalt

Mobilfunk - UMTS ein gutes halbes Jahr nach Einführung; Ist UMTS der Renner?

Mobilfunk - UMTS ein gutes halbes Jahr nach Einführung; Ist UMTS der Renner?

M.Westphal

Kernthesen

- Vor fünf Jahren wurden die UMTS-Lizenzen spektakulär versteigert, aber der Start gestaltet sich immer noch schleppend.
- UMTS spielt seine Vorteile bei Multimedia-Applikationen aus.
- Der Markt reagiert auf die UMTS-Angebote der Mobilfunkanbieter zurückhaltend.
- Die Mobilfunkanbieter sehen in Mobile TV die Killer-Applikation, die durch die Fußball-Weltmeisterschaft 2006 gepusht

werden wird.

Beitrag

Die vor fünf Jahren noch herrschende Euphorie bei der Versteigerung der UMTS-Lizenzen ist inzwischen verflogen. Es fehlen die Killer-Applikationen und damit auch die breite Akzeptanz bei den Kunden, sodass die aktuelle UMTS-Penetration weit hinter den Erwartungen zurück liegt.

Vor fünf Jahren wurden die UMTS-Lizenzen spektakulär versteigert, aber der Start gestaltet sich immer noch schleppend

Es ist jetzt ziemlich genau fünf Jahre her, dass auf der spektakulären Mainzer Auktion sechs Telekommunikations-Provider mit dem enormen Einsatz von 50 Milliarden Euro ihre deutschen Lizenzen für den UMTS-Standard erworben haben und damit eine neue Ära im deutschen Mobilfunkgeschäft einleiten wollten. (2) Inzwischen haben sich zwei dieser sechs Player, nämlich Mobilcom und das Konsortium 3G aus diesem Bund verabschiedet und ihre Lizenzen zurückgegeben. Bis jetzt hat diese Marktbereinigung für die übrigen vier Unternehmen aber keine nennenswerte Entlastung gebracht. Das Geschäft ist bisher kaum spürbar, einzig Vodafone kommuniziert seine Zufriedenheit mit dem bisherigen Verlauf der UMTS-Aktivitäten, auch wenn die Umsatzanteile der UMTS-Kunden nicht publiziert werden. (2)

Bis vor einem Jahr wurde der schleppende Start den Mobilfunkgeräteherstellern angelastet, die noch keine serienreifen UMTS-Geräte liefern konnten. Aber nachdem sich auch die Hersteller inzwischen mit einer, wenn auch begrenzten Anzahl an Geräten auf den Markt gewagt haben, zieht dieses Argument nicht mehr. Das Hauptproblem dieser neuen Technik ist immer noch, dass es bis heute keine attraktiven Applikationen gibt, die eine breite Kundschaft ansprechen und zur umfangreichen Nutzung animieren. (2)
Die aktuelle Schwäche der UMTS-Penetration liegt unter anderem auch daran, dass es für die Zielgruppe der Business-User derzeit noch keine Smartphone-Endgeräte gibt, die UMTS unterstützen. So arbeitet der Nokia Communicator wie auch das P910i von SonyEricsson derzeit mit GPRS. (4)

UMTS spielt seine Vorteile bei

Multimedia-Applikationen aus

Für die Mobilfunkbetreiber schwindet das Wachstum durch Handygespräche, so dass neue Umsatzträger gefragt sind. Die Strategie bewegt sich hin zu kostenpflichtigem Herunterladen von Content wie Nachrichten, Klingeltönen oder Videoclips. Laut entsprechenden Tests von Vodafone kann auch das Angebot von Mobile TV eine interessante, umsatzgenerierende Applikation darstellen. Denn Handynutzer wären bereit, für ein gutes Handy-TV-Programm fünf bis fünfzehn Euro zu zahlen. (7) Die bisherigen Multimedia-Erlöse der Mobilfunkbranche sind allerdings ernüchternd. So gaben im vergangenen Jahr die deutschen Handykunden durchschnittlich 20 Cent pro Monat für Fotomails und andere Multimedianachrichten via MMS aus, während immer noch 3,90 Euro für SMS gezahlt wurden. Das Surfen und Aufrufen von Info-Diensten lassen sich die Kunden im Schnitt 50 Cent pro Monat kosten. Aber diesem Trend entgegen wirken soll das wachsende Angebot an UMTS-Handys von denen es bisher erst 12 Stück auf dem Markt gibt. Bis Jahresende soll diese Anzahl auf 40 wachsen.
Gemäß dem Marktforschungsunternehmen Gartner sollen im Jahre 2006 fast alle hochwertigen Geräte mit UMTS ausgestattet sein. (8)

UMTS bietet große Vorteile bei der Übersendung von E-Mails mit umfangreichen Anhängen oder aber beim Aufrufen multimedial aufbereiteter Internet-Seiten, was derzeit mit normalen GSM- oder auch GPRS-Bandbreiten noch ein Geduldsspiel ist. Die Frage ist aber, ob UMTS sich gegen die konkurrierenden Technologien, wie gut ausgebaute und weit verbreitete WLAN-Hotspots, durchsetzen kann. Diese bieten einen weitaus preisgünstigeren und auch schnelleren Internet-Zugang an. (2)

Eine weiterentwickelte Variante von UMTS wird gar bald Bandbreiten wie heute im Festnetz bieten, aber Applikationen wie Mobiles TV, Videotelefonie oder schnelles Surfen im Internet finden derzeit einfach nicht genügend Akzeptanz und man muss sich fragen, ob dieses jemals der Fall sein wird.

Der Markt reagiert auf die UMTS-Angebote der Mobilfunkanbieter zurückhaltend

T-Mobile, E-Plus und O2 haben bisher etwa 151 000 UMTS-Handys verkauft. Vodafone hat bisher etwa 300 000 UMTS-Handys verkauft (was in etwa einem Prozent der 27 Millionen deutschen Vodafone-Kunden entspricht). Dazu kommen bei Vodafone noch 250 000 Kunden, die eine UMTS-Karte für ihren

Laptop gekauft haben sowie etwas über 100 000 entsprechende Kunden bei T-Mobile. Damit liegen die aktuellen Zahlen weit hinter den Erwartungen zurück und die Netzbetreiber leiden unter enormen Überkapazitäten, da die Übertragungsfähigkeit der Netze durch UMTS um 160 Prozent gestiegen ist. Dell und Samsung planen derzeit, ihre Laptops mit Intel-Centrino-Chips auszurüsten, die nicht nur den WLAN-Standard beherrschen, sondern auch UMTS. (8)

Die Mobilfunkanbieter sehen in Mobile TV die Killer-Applikation, die durch die Fußball-Weltmeisterschaft 2006 gepusht werden wird

Eine der durch UMTS möglichen Applikationen ist die Übertragung von Fernsehprogrammen auf die mobilen Bildschirme in Handys, PDA`s und Smartphones. Allerdings ist dieser Spaß derzeit noch recht teuer, da hierfür zehn Sprachleitungen belegt werden. Der Nutzung im großen Rahmen widersprechen zum einen die hohen Kosten aufgrund der großen benötigten Bandbreite, zum anderen

wären die UMTS-Netze im aktuellen Ausbaustadium nicht in der Lage, die entsprechende Bandbreite bei breiter Nutzung zur Verfügung zu stellen. Um diese Applikation für größere Kundenkreise attraktiv zu machen, wird nach neuen Übertragungswegen gesucht. Damit soll auch der ansonsten notwendige große Investitionsbedarf in den Ausbau des UMTS-Netzes, zumindest zunächst, reduziert werden.
Eine Möglichkeit ist die Nutzung des Standards DVB-H (Digital Video Broadcast) für mobile Geräte, der aber leider die gleichen Frequenzen nutzt, wie das gerade in Deutschland gestartete DVB-T. Damit wird sich insbesondere in Ballungsräumen eine hohe Auslastung einstellen, die wiederum zu Schwierigkeiten in der Übertragung sorgen kann. Ein weiterer derzeit in der Evaluation befindlicher koreanischer Standard ist DMB (Digital Multimedia Broadcasting), der eine Weiterentwicklung des in Europa entwickelten DAB (Digital Audio Broadcast) darstellt. Auch dieser Standard arbeitet mit einer reduzierten Auflösung, bei dem der Tuner nur alle paar Sekunden eingeschaltet werden muss, was darüber hinaus die Akkulaufzeit verlängert. Aber auch für diesen Standard stehen derzeit nur begrenzte Testfrequenzen zur Verfügung. Frühestens in 2006 könnten hierfür in Genf auf der Regional Radio Conference der Internationalen Telekommunikations-Union (ITU) neue Frequenzen bereitgestellt werden. (1) (7)

Die Fußballweltmeisterschaft 2006 wird die UMTS-
Vermarktung im Mobilfunkmarkt wie auch die DSL-
Vermarktung der Internet-Betreiber unterstützen.
Aktuell entsteht mit dem digitalen Rechtehandel ein
eigenständiger Markt für attraktiven Content. So
verhandelt T-Online mit dem Schweizer
Rechtehändler Infront über die Rechte zu
deutschlandweiter Internet-Übertragung sowie das
Recht entsprechende Bewegtbildrechte ggf. den
Mobilfunkbetreibern weiterlizenzieren zu können. Das
aktuelle Angebot von T-Online soll sich zwischen 3,5
und fünf Millionen Euro bewegen.
Aber auch ARD und ZDF sowie die
Mobilfunkanbieter O2 und Vodafone interessieren
sich zumindest jeweils für Teile des Paketes und sind
nicht an einem Zwischenhändler T-Online
interessiert, weshalb die Verhandlungen derzeit
stocken.
O2 ist an Bewegtbild-MMS-Lösungen interessiert,
Vodafone möchte auf seinem Portal Vodafone live
umfassende Spielberichte übertragen. (5)

Fallbeispiele

Vodafone strahlt derzeit in seinem Portal Vodafone Live vorab TV-Sendungen aus, ebenso kündigte der Konzern kürzlich die Ausstrahlung einer US-Serie im Handyformat an.
T-Mobile fokussiert sein aktuelles Angebot auf Videoclips von Fußballspielen oder Nachrichten. Aber das Ganze hat bisher wenig mit echtem Fernsehen zu tun. Die Bandbreiten reichen nach dem jetzigen Stand der Technik nicht aus, da von jedem Nutzer eine UMTS-Leitung genutzt würde. Nur durch den Einsatz von entsprechender TV-Übertragungstechnik nach DVB-Standard könnten gesendete Programme von jedem Besitzer eines Empfängers ohne Zusatzaufwand empfangen werden. Die entsprechende Technik steht aber noch nicht endgültig fest und die notwendigen Handys fehlen. Darüber hinaus ist unklar, inwieweit Forderungen von Seiten der TV-Sender an Umsatzbeteiligung das Geschäftsmodell negativ beeinflussen würden. (7)

In Südkorea geben die Handykunden derzeit neun Dollar pro Monat für mobile Mails, Fotoversand, Videotelefonie oder Onlinehoroskope aus. (8)

Weiterführende Literatur

(1) Grote, Andreas, Ich bin auch ein Fernseher, Die Handyhersteller testen neue Fernsehnormen für

mobile Geräte, Neue Zürcher Zeitung am Sonntag,
Nr. 31, S. 87
aus TextilWirtschaft 14 vom 07.04.2005 Seite 027

(2) Verflogener Zauber
aus Süddeutsche Zeitung, 29.07.2005, Ausgabe
Deutschland, S. 18

(3) Heuzeroth, Thomas, Wann schaffen Sie das
Festnetz ab, Herr Sarin? Welt am Sonntag, 24.07.2005,
Nr. 30, S. 25
aus Süddeutsche Zeitung, 29.07.2005, Ausgabe
Deutschland, S. 18

(4) Attraktive Dienste Schwache UMTS-Zahlen
zwingen die Anbieter in einen Preiskampf (15/2005, S.
50). Mobilfunk
aus Capital vom 21.07.2005, Seite 100

(5) Infront Wer funkt am schnellsten
aus Der Kontakter Nr. 29 vom 18.07.2005 Seite 042

(6) UMTS läuft bei Vodafone nur schleppend an
aus netzeitung.de vom 14.07.2005

(7) Handy-TV wird Fernsehtechnik nutzen UMTS-
Netz reicht für mobile Filmangebote nicht aus · Viele
Fragen ungelöst · Tests belegen Verbraucherinteresse
aus Financial Times Deutschland vom 13.07.2005,
Seite 4

Impressum

Mobilfunk - UMTS ein gutes halbes Jahr nach Einführung; Ist UMTS der Renner?

Bibliografische Information der deutschen Nationalbibliothek

Die Deutsche Nationalbibliothek verzeichnet diese Publikation in der deutschen Nationalbibliografie; detaillierte bibliografische Daten sind im Internet über http://dnb.d-nb.de abrufbar.

ISBN: 978-3-7379-0307-3

© 2015 GBI-Genios Deutsche Wirtschaftsdatenbank GmbH, Freischützstraße 96, 81927 München, www.genios.de

Vervielfältigungen (Fotokopie/Mikroskopie),
Übersetzungen, Auswertungen durch Datenbanken
oder ähnliche Einrichtungen und die Einspeicherung
und Verarbeitung in elektronischen Systemen.